LEÇONS NOUVELLES DE LECTURE ET DE PRONONCIATION

RÉDIGÉES SUR UN PLAN ENTIÈREMENT NOUVEAU

ET ACCOMPAGNÉES D'EXERCICES GRADUÉS SUR CHAQUE LEÇON

A L'AIDE DESQUELLES ON APPREND A LIRE EN 30 HEURES

Par ALEXANDRE L***

> Diviser chacune des difficultés en autant de parcelles qu'il se peut et qu'il en est besoin, pour les mieux résoudre.
>
> DESCARTES, *Disc. de la Méthode*.

PARIS
DEZOBRY, TANDOU ET Cie, LIBRAIRES
RUE DES ÉCOLES, 78.

1861

LEÇONS

NOUVELLES

DE LECTURE ET DE PRONONCIATION

LEÇONS NOUVELLES
DE LECTURE
ET DE PRONONCIATION

RÉDIGÉES SUR UN PLAN ENTIÈREMENT NOUVEAU

ET ACCOMPAGNÉES D'EXERCICES GRADUÉS SUR CHAQUE LEÇON

A L'AIDE DESQUELLES ON APPREND A LIRE EN 30 HEURES

PAR ALEXANDRE L***

> Diviser chacune des difficultés en autant de parcelles qu'il se peut et qu'il en est besoin, pour les mieux résoudre.
>
> DESCARTES, *Disc. de la Méthode*

PARIS
DEZOBRY, TANDOU ET CIE, LIBRAIRES
RUE DES ÉCOLES, 78.

1861

DU MÊME AUTEUR.

Premières leçons de lecture rédigées sur un plan entière-ment nouveau, et accompagnées d'exercices gradués sur chaque leçon, à l'usage des jeunes enfants.

PARIS. — IMPRIMERIE ADRIEN LE CLERE, RUE CASSETTE, 29.

LEÇONS NOUVELLES

DE LECTURE

LIVRE PREMIER

ARTICULATIONS SIMPLES

CHAPITRE PREMIER

VOYELLES SIMPLES

PREMIÈRE LEÇON

A É I O U

a é i o u

ami été ici loto uni

R L T M N

r l t m n

re le te me ne

EXERCICE 1.

Ra ré ri ro ru

U ri, i ra, ru é, a ra, Ri o, ru a, ri ra, a é ré, a é ra.

La lé li lo lu

Li a, é lu, Lé ré, li ra, Lu ri, li é, é li ra, ré é lu, ré é li ra.

Ta té ti to tu

Ta ro, é té, tu a, lo to, ti ré, ta ri, tu é, é ta la, To ti la, u ti li té.

Ma mé mi mo mu

Mi lo, é mu, ma ri, ra mé, a mi, mé ri ta, i mi té, la ma, ma tu ri té.

Na né ni no nu

Nu ma, mu ni, no ta, a na,

mi né, mu ni ra, No é mi, nu mé ro, mi na.

EXERCICE 2.

Li ma, a li té, u ni ra, té nu, ra tu ra, mu ti né, nu mé ro ta, to lé ré, li mi ta, u na ni mi té, ra ni mé, é li mi né, mu ti la, Ri mi ni, i na ni mé, a li né a.

Mé ro é, ré a li té, ré u ni ra, é nu mé ra, la ti ni té, mi li ta, é li mi na, é nu mé ré, ré i té ra, a mé ni té, mi no ri té, Ma ta ro, mo ra li té, i nu ti li té, ra ni ma, té mé ri té.

EXERCICE 3.

Noé, uni, tira, loti, raté, rama, limé, mira, Ino, rimé, rata, muré, Néré, rima, miré, noté, Muro.

Omoa, étiré, timoré, imita, animé, Arona, réméré, unité, Murato, étira, étalé, toléra, raturé.

Motala, étamé, anima, émané, tarira, maria, limité, Méru, iota, marié, mérité, mariné, étama, mutilé, milité, réitéré, totalité.

DEUXIÈME LEÇON

B	D	F	H	P	V
b	d	f	h	p	v
be	de	fe	he	pe	ve

EXERCICE 4.

Ba bé bi bo bu

Ba ri, bu té, bo ni, bi né,

o bé i, bo a, bé ni, A bo, ba ba, a bo li ra.

Da dé di do du

I da, du o, mi di, do té, dé ni, da té, du ra, dé bu ta, Di na, é li dé.

Fa fé fi fo fu

Fa no, dé fi, fé tu, fu ma, fo li o, fu mé, fi ni ra, fo ré, ré fu ta, fa né.

Ha hé hi ho hu

Hé bé, ha ro, hu mé, ha lo, é ba hi, ho no ré, ha bi ta, hé lé, Ma hé, a hu ri.

Pa pé pi po pu

Po la, é pi, pa pa, dé pu té, pé ri, a pi, pu ma, ré pé té, po li, pa no ra ma.

Va vé vi vo vu

Né va, vo té, ra vi, vé ri té, va lu, vi dé, A va, ri vé, a vi li, va ri é.

EXERCICE 5.

Pa na ma, di mi nu é, dé fi é, fé o da li té, do mi no, va ni té, dé fi ni ra, a ma bi li té, pé ri, mu ni ra, ré pu di é, fa ta li té, Mo no mo ta pa, a li bi, é pi é, vo lu bi li té, ré fu ta, pé ri ra, hu ma ni té, a mo vi bi li té.

Pa ra na, pé ri ra, dé fi ni, mo dé ré, dé mo li ra, o bé i ra, hu mi li té, mo ti va, ré pu di a, no ta bi li té, di la ta bi li té, hu mi di té, dé pé ri ra, a va ri é, mé di ra, mo di fi a.

EXERCICE 6.

Obi, paru, vidé, fini, fora, Lodi, famé, paré, dito, pilé, tapi, fila, lapé, data, pari, dupé, puni, dodu, ridé, lava, volé, vida, pavé, vota, Mahé, doré, vola, filé.

Doria, déridé, polira, pilori, répara, lapidé, démoli, punira, dilaté, parité, hérita, éludé, aboli, favori, habité, dépoli, révolu, déféré, bénira, dérivé, lavabo, évita, habita, réfuté.

Rivoli, nudité, avili, dévolu, hérité, Lérida, répéta, médité, éludé, dénué, Dalila, nativité, évité, honora, dérobé, révélé, pérora, réparé, Débora, avilira, inopiné, dénaturé, Divinité, purifié, modifiera.

TROISIÈME LEÇON

É E È Y

é e è y

été venu père type

EXERCICE 7.

Ré re rè ry Le ly lè
lé Tè ty té te Me mè
mé my Ny ne né nè Fé
fe fè fy Pé pe py pè
De dè dy dé Bè be bé
by Ve vé vy vè Hé hè
he hy

EXERCICE 8.

È ve, mu le, da te, li bè re, li é, pi le, Ré ty, pa pe, mè re, me né, mè ne, ri mé, a lè ne, è re, vo lé, Lu ry, da té, le va, pè re, Du ry, hè re, li bé ré, Lé ry, i do le, é li te, É rè be, bi pè de, Mo dè ne, Hé lè ne, é le vé, é lè ve, é tu de, ré vé ré, ré vè re, Ty dé e, re lè ve, é vi té, to lé ré, to lè re, A dè le, pi lo te, du re té, u ti le.

I du mé e, ré mu né ré, To lè de, ré mu nè re, ré i té ré, ré i tè re, my ri a de, dé lé tère, ha bi tu é.

EXERCICE 9.

Mède, rare, pelé, rire, humé, lame, hère, velu, pèle, venu, lune, tenu, ténu, vané, lyre, type, mode, dupé, hèle, hélé, demi, pène, déni, rude, Méry.

Pylade, retiré, étape, amené, amène, adoré, amère, minute, animé, démène, démené, Tityre, volera, potelé, ramène, ramené, Polybe, repère, madame, avare, relire, pureté, navire, bitume, relevé, relève, Némée, vipère, rareté, Médée, patène, modelé, modèle, Udine, volume, dorure, Madère, Pirée, Pyrame, nivelé, Dodone, toléré, tolère, Lodève, myope, birème, Homère.

Numidie, délibère, délibéré, étamine, anonyme, métonymie, retenue, Palamède, maritime, révèlera, pyramide, homonyme, Batavia, félonie, purifiera, filiale.

QUATRIÈME LEÇON

c C	k K	q Q
que (1)	que	que

(1) devant *a*, *o*, *u*.

EXERCICE 10.

Ka ké ki ko ku
Ca « » co cu
Qua qué qui quo qu

EXERCICE 11.

Mo ka, ca fé, mo qua, ki lo, co que, mo qué, Ké ma, co de, Qui to, quo te, vé cu, Ta ku, qui ne, cu be, pi qué, pi qua, cô té, cu ré, é cu, ca na pé, mi ca, Cuba, é vo qué, é co le, Ki o, qua li té, o pa que, co hu e, Ky ri é, é qui pé, ca du que, co lo ré, cu mu la, cu bi que, fé cu le, quo ti té, Ca na da, é cu me, co mi té, Ka by le, Ca ly bé, dé co ré, ta qui ne, co lè re, cu mu le, Ka ku ru.

EXERCICE 12.

Macao, canari, cavité, copia, carafe, copié, Canova, cabane, carène, cupide, évoqua, révoqué, quinine, lacune, curule, Monaco, cahoté, Makoa.

Vanikoro, dynamique, kiliare, reculade, équivoque, cupidité, canicule, acolyte, Nicomède, macaroni, coopère, camarade, décoloré, Nicodème, mécanique, caravane, calamité, carabine, localité, délicate, conifère.

Amakata, récapitulé, cavalerie, caryatide, calorique, récupèrera, Kororarika, paralytique, Catilina, capitulera, Ikanamavi, Tinakoro, qualificative, équivoquera.

CINQUIÈME LEÇON.

s S ç Ç c C

se ce ce (1)

EXERCICE 13.

Sa se sé si so su
Ça ce cé ci ço çu

EXERCICE 14.

Sa ba, de çà, se mé, fa ce, sè me, cè ne, Sy ra, ci té, re çu, la ça, dé çu, cé da, sè ve, sé vi, si te, si re, ci re, su cé, su ça, cè de, ce lé, cè le, se ma, i ci, Sa ra, sa me di, I vi ça, su ço té, Mé cè ne, sy no de, me na ça, Si lo é, su ço te, sy no ny me, dé çu e, Lu tè ce, cé ci té,

(1) devant *e, i*.

su ço ta, fé li ci té, Cy bè le, Ly ci e, fa ça de, Cy mo do ce, ca du cé e.

EXERCICE 15

Cyrène, sirène, reçue, dépeça, cynique, sonore, savane, Syrie, satire, sénevé, suave, Sénèque, saline, recèle, décédé, Surate, salua, subite, sèmera, Horace, canine, décimé, Héricy.

Samarie, sycomore, véhicule, sybarite, dédicace, similitude, syriaque, suçotera, supériorité, Simonide, facilité, Polynice, cérémonie, qualifié, simonie, Curiace, sonorité, synonymie, déracinera, solidifié, célérifère, Cyropédie.

SIXIÈME LEÇON.

z Z s S

ze ze

EXERCICE 16.

Za Ze Zé Zi Zo Zu
Sa (1) se sé si so su

EXERCICE 17.

Za ma, ba sa, Su ze, ca sé,
o se, zé ro, zè le, Zo é, qua si,
po sé, Za ra, o sa, A zy, va se,
Ma zé, bi se, É zy, di se, ru se,
Cé zy, A zé, vi sé, Sa ve, zé lé,
Lu zy, Bo za, Du ze, ro sa ce,
U za, La za re, mu sé e, di vi se,
Lo zè re, a zu ré, Sy ra cu se,

(1) Prononcez *za*, *ze*, etc. *Sa*, *se*, dans le corps d'un mot, se prononcent za, ze... lorsque la syllabe précédente se termine par une voyelle.

ré sé da, I sè re, Sa mo sa te, dé so bé i, Zé no bi e, a na ly se, Ly si ma que, zi za ni e.

EXERCICE 18.

Ésope, désole, Sosie, Zamora, ukase, musique, Sorèze, azote, Zopyre, azura, hésité, casaque, usine, asile, Dozulé, cerise, rosée, reposé, cytise, Lusace, masure, Avize, désiré, suave, Limezy, réséda, Canisy.

Quasimodo, zizanie, hérésie, mazarine, Amazone, zibeline, Élysée, désobéi, moralisa, coalise, zodiaque, économisé, Vézelize, analysa, paralysie, hypotypose, Polynésie, analysera, épizootie, moralisera, sécularisé, azurée, canonisera, épizootique.

SEPTIÈME LEÇON.

g G gu Gu

gue (1) gue

EXERCICE 19.

Ga » » go gu
Gua gué gui guo »

EXERCICE 20.

Ri ga, lé gua, ga zé, Go a,
ga re, go bé, vo gua, lè gue,
Vi go, go ba, Go zo, do gue,
gué ri, ga ré, Pé gu, guè re,
gui se, gui de, ga ze, fa ti gue,
go be, gui dé, ga ra, vo gué,
gui da, lé gué, Vé ga, é ga ré,
é la gua, gué ri ra, pa go de,
fi gu ré, ga lo pa, na guè re,

(1) Devant *a, o, u*.

dé gui sé, Go ré e, dé gui sa, ſa go té, gué ri te, Ni mè gue, fi gu ra, na vi gua, Li guo ri, gui pu re, né go ci a, a po lo gue, Mé ga by se, dé ca lo gue, ca ta lo gue, Ga ny mè de, Ca li gu la, né ga ti ve.

EXERCICE 21.

Galice, délégué, égala, Onéga, lagune, déguisa, divagué, égare, délégua, déguise, sagace, négoce, divagua, légume, Raguse, égala, guitare, fugace, guidera, Pégase, navigue, cigale, rigole, Lugano, voguera, Liguori, régalé, galère, Mégare, régalera, agape, Rovigo, égale, Bogota, galope, Malaga.

Ligurie, égalera, homologué, ligature, décagone, homologuera, égalité, défiguré, synagogue, Galilée, légalité, coagulé, Ségovie, délèguera, sagacité, Niagara, épilogua, épilogue, polygone, figurera, Rodogune, épiloguera, régularité, agacerie, inégalité, catégorie, régularisé, défigurera, gazéifié, Paganini.

HUITIÈME LEÇON.

j J   g G

je   je (1)

EXERCICE 22.

Ja jé ji jo ju
Gea gé gi geo geu (2)

(1) Devant *e, i*.

(2) Prononcez *ju*. L'emploi de l'*e* euphonique pour adoucir la prononciation du *g*, plus ou moins fréquent devant *a, o*, est très-rare devant *u*. Les mots gageure, chargeure, égrugeure, mangeure et vergeure, qui se

EXERCICE 23.

Ja va, ja de, fi gea, je té,
Jé hu, gé mi, gè le, na gea,
jo li, Ju ba, je ta, ju bé, ju gea,
ge lé, ju ry, lo gea, ju ge, ja sa,
Gé ta, ja sé, ga gea, Jé ho va,
ju ra, ru gi, lo gé, di ri gea,
re je ta, re fu ge, gé mi ra,
é gi de, mi jo té, di ri ge ra,
ju ju be, Vé gè ce, ma gi que,
u sa ge, gi ra fe, Jo su é, ri gi de,
vi sa ge, ju bi lé, Ja ni na,
ca jo le, di ri gea, ga geu re,
Ju dé e, dé gè le, Ge nè ve,
jo vi a le, a ju ta ge, O ri gè ne,
sy zy gi e, é ri gé e, Ja ni cu le.

prononcent gajure... sont, croyons-nous, les seuls qui offrent cette particularité. Dans largeur, orageuse... le *g* est suivi, non plus de la voyelle simple *u* et d'un *e* euphonique, mais de la voyelle composée *eu*.

EXERCICE 24.

Hégire, péage, érigea, déluge, méjuge, agile, végéta, génie, éloge, végété, potage, ravagé, agira, dirigé, magie, mirage, gagera, régime, gémira, Lamégo.

Jérémie, juridique, cajolera, polygone, géologue, Comagène, majorité, générique, équipage, dirigera, javeline, morigène, digitale, gélatine, Gétulie, agilité, dégénère, Cynégyre, cabotage, dégénéré, béguinage, jugeoline, apanage, légitime, déménagé, joviale, imaginera, étymologique, zoologie, géodésie, généalogie, Ogygie, Aréopage.

NEUVIÈME LEÇON.

â ê î ô û

EXERCICE 25.

Bâ, hâ, gâ, pâ, bê, rê,
fê, bî, cô, tô, mô, sû,
mû, fû, vê, hê, bû, gê,
mâ, pô, tê, râ, nê, rô,
fî, zô, gî.

EXERCICE 26.

Bâ le, â me, cô te, mû re,
tê tu, â ge, fê ta, hâ lé, sû re,
gî te, rô dé, fê te, pâ te, cô ne,
gê ne, dî né, rê va, rô ti, fê le,
î le, râ pe, dî me, gâ te, ô te,
mê lé, mû ri, gâ té, bê la, tê te,
pâ me, fê té, rê ve, tô le, ô té,
mô le, pô le, rô da, fê lé, â ne,

hâ te, dî ne, dô me, mê me, cô té, vê tu, pâ ti, mê la, hâ ta, pâ té, bâ ti, hô-te, zô ne, rê ne, dî na, rô le, Cô me.

EXERCICE 27.

Jérôme, monôme, abîmera, abîmé, rebâti, fêlure, pâturera, sûreté, rôtira, hâtive, binôme, âgée, arôme, arête, rôtie, tâtera, pâture, vêtira, démêlée, hâtera, dînera, démêla, vêtu, mûrira, revêtu, carême, rôdera, rêverie, étêtée, vêtue, ânerie, dévêtue, abîmée, pâturage, étêtée, revêtue, rebâtira, dévêtira.

RÉSUMÉ DU PREMIER CHAPITRE

a, â — Ja va, ga la, pa pa, hâ ta,
na gea, gâ ta, ca sa, va qua,
la ça, Malaga.

e, é, è, ê — Ma hé, mè re, ca fé,
ré vé ré, ré vè re, gê ne, ba se,
la que, bè gue, ge lé, guè re,
de çà, zè le, mê lé.

i, y, î — Ri ga, ty pe, dî me,
î le, gué ri te, gî te, Py la de,
gui da, é qui pé.

o, ô — Mo ka, cô te, quo ti té,
lo gea, do gue, su ço te, rô ti,
Lo zè re.

u, û — Jé hu, mû ri, Su ze, é cu,
re çu, sû re té, hu re, ru gi.

EXERCICE 28.

Amère, analogue. Bohême, bagage. Caduque, césure. Dame, dìnera. Ébène, équipage. Fêlure, face. Gage, gîte. Hôte, haquenée. Isolé, inique. Joli, jugea. Kilo, kyrié. Lycée, liquide. Mûrira, myope. Noce, nuque. Obi, orage. Piqué, pâle. Quasi, quête. Race, requête. Sybarite, sève. Topaze, type. Usine, unique. Vécu, vice. Yédo, yole. Zara, zèle.

CHAPITRE DEUXIÈME

VOYELLES COMPOSÉES.

DIXIÈME LEÇON

eu au ou
eau eou

EXERCICE 29.

R eu	l eu	t eu	p eu
m eu	n eu	d eu	b eu
v eu	h eu	r au	r eau
l au	l eau	t au	t eau
m au	m eau	n au	n eau
p au	p eau	d au	d eau
ba u	b eau	v au	v eau
h au	h eau	r ou	l ou

t ou m ou n ou p ou
p eou d ou b ou v ou
h ou

EXERCICE 30.

Eu re, au ne, Au be, beau, eau, Au de, peau, Pau, é tau, bau me, beau té, Beau ne, heu re, A rau, bu réau, veu ve, meu le, ri deau, dau be, rou te, pau me, pi peau, lou ve, hou le, mou lu, hau te, hi bou, neu ve, pou pe, Mau peou, ni veau, vou lu, ra meau, ra teau, a veu, dou té, ha meau, ba teau, tau pe.

Eu rope, au rore, mau di ra, rou tine, ori peau, Mire beau, mou lure, pou pée, bali veau, au bade bou ture, lape reau, Eu bée, ama dou, heau merie, au bépine, mou ture, meu nerie, au torité, Eu ryale, Pau line.

EXERCICE 31.

Hanau, leude, toute, Laure, doute, neveu, poule, Menou, meute, voué, bedeau, Maupeou, pilau, mauve, poteau, noué, aura, loupe, nouveau, meuve, boude, rouleau, moule, Pérou.

Aumale, dénoué, épaule, maraude, volonté, éteule, dévoué, ravaudé, penaude, mineure, redoute, avoué, émeute, toupie, ébaubi, roulera, ameuté, déroule, maudite, émeuve, renoué, étoupe.

Euripide, automate, aboutira, évanoui, émeraude, Térouane, bouderie, déroutera, nouveauté, auréole, ameutera, renouvelé, dévoue, Eumène, redouta, laudative, éboulé, labourera, Épidaure.

ONZIÈME LEÇON

EXERCICE 32.

F eu	k eu	qu eu	s eu
c eu	z eu	gu eu	j eu
g eu	f au	k au	c au
qu au	s au	c eau	z au
z eau	g au	j au	g eau
f ou	c ou	k ou	qu ou
s ou	z ou	g ou	j ou.

EXERCICE 33.

Ceu ta, seu le, fau te, fou lé, cou la, kou rou, sou pe, sau ve, fou teau, Cou cy, bi seau, li cou, sou ci, sau ra, cau sa, cou teau,

Kou bo, cou de, na seau, gou lu, ré seau, Gau le, gueu le, di zeau, queu e, ru gueu se, fu seau, sau le, jou jou, gou ge, gau de, jeu ne, fou gue, jau gea, jeudi.

EXERCICE 34.

Pégou, jauge, joue, cause, genou, jaune, bijou, jumeau, rouge, ciseau, jaugé, copeau, joua, fou, feu, sauce, douze, cadeau, foulure, coupole, souvenu, bafoué, roucoule, coudée, aucune, coutume, Leucade.

Capoue, soudure, soucoupe, houleuse, découse, moqueuse, sauvage, Azoufa, causeuse, décousu, ajouté, soulève, faneuse, guimauve, faufile, heureuse, cousine, saumoneau, jaugeage, coulera, souriceau, majeure, muqueuse, rajeuni, gazeuse, Haguenau, rougeaude, aqueuse, ajoute, rugueuse, fougueuse, Lèvezou.

Séleucie, teutonique, douloureuse, bivouaqua, inauguré, jalousie, vigoureuse, rajeunira, bijouterie, courageuse, sauvagerie, découragea, judicieuse, inaugurera, giboulée, aéronaute, évanouira, Deutéronome.

DOUZIÈME LEÇON

ai ay ei ey

EXERCICE 35.

M ai d ai t ai h ai p ai

l ai v ai n ai r ai b ai
n ay r ay b ay m ay l ay
v ay t ay d ay h ay p ei
r ei v ei n ei r ey l ey
v ey n ey b ey.

EXERCICE 36.

Mai ne, rai de, Pa rey, pei ne, rei ne, Ma rey, du pai, ba lai, Ley de, vei ne, vai ne, Vey re, me nai, pei né, vi dai, hai ne, Ra hay, bai e, é tai, Vi nay, nai ne, mai re, May re, dé lai, ai mai, Au ray, hai ne, vei né, au rai, Vo rey, pei na, cé dai, Veu vey, Ve vey, ai se, nei gé, ſe rai, gui dai, Bou ray, nei ge, Beu rey, sau rai, Ca tay.

Voute ray, rai nure, élu dai, déro bai, vei nule, hai neuse, pei nera, lai terie, Épi nay, avi vai, visi tai, Éti vey, suço tai, nei gera, guéri rai.

EXERCICE 37.

Eyra, aire, aimé, aile, Patay, aidai, neigea, minerai, ravaudai, Voudenay, humaine, binaire, peinera, notaire, baleine, repaire, demeurai, Venaray, hautaine, baleineau, vilaine, peinerai, neigeuse, Koboday, raisiné, futaine, couperai, salaire.

Falaise, souhaite, mauvaise, augurai, peinée, avouai, souhaité, délibérai, honoraire, Madeleine, métairie, tutélaire, ameuterai, suzeraine, jugulaire, Malaisie, souveraine, rajeunirai, suzeraineté, solaire, Aquitaine, analyserai, solitaire, foutelaie, souhaitera, suçoterai, reliquataire, évoquerai, auriculaire, Mélanaisie.

TREIZIÈME LEÇON

EXERCICE 38.

S ai ç ai f ai z ai c ai
k ai qu ai g ai gu ai j ai
g eai f ei s ei c ei z ei
g ei c ey s ey s ay f ay
gu ay

EXERCICE 39.

Cai re, mo quai, fai re, fai te, fou lai, pi quai, Ku pay, se mai, vi sai, sai si, Sei ne, lé guai, sai ne, su çai, To kai, cau sai, u sai, la çai, gai, gai e, ju geai, geai, vo guai po sai, bou geai, lo geai, ga geai, Bu gey, na geai, Sey ne, Sey ta.

Para guay, évo quai, refu sai, mena çai, économi sai, say nète, délé guai, soula geai, diva guai, pape gai, dégui sai, bafoue rai, refu sai, navi guai, bivoua quai,

EXERCICE 40.

Beaucaire, défaite, refaire, faufilai, vicaire, gémirai, érigeai, dépeçai, rosaire, dizaine, misaine, gaulerai, seizaine, dirigeai, refaite, guiderai, douzaine, élaguai, baleiné, dévouai, haleine,

Bélisaire, américaine, reliquaire, séculaire, évoquai, toulousaine, cerisaie, autorisai, oserai, équivoquai, moraliserai, Aquitaine, délèguerai, souveraineté, judiciaire, ceylanite, Ceyzérieu, seynerie, épiloguai, ajouterai, caniculaire, bivouaquerai, découragerai, Radagaise.

RÉSUMÉ DU DEUXIÈME CHAPITRE

Eu — Ceuta, seule, heure, queue. veuve, jeudi, diseuse, neuve,

Au, eau — Arau, bureau, pilau, rouleau, haute, faute, heaume, jauge, saule, seau, roseau.

Ou, eou — Maupeou, coude, moulu, doute, hibou, houle, joujou, soupe, rougeaude.

Ai, ay — Auray, ferai, notaire, Patay, moquai, saisi, visai, dizaine, gai, geai, léguai.

Ei, ey — Leyde, haleine, dey, bey, neige, reine, veine, Marey, peine, Veyre, Seine, Seyne,

Eû, oû, aî — Coûté, aîné, faîte,

jeûne, voûte, goûtai, geôle, goûta, gaîté, coûte, jeûnai.

EXERCICE 41.

Tokaí, poreuse, route, leude, jeûnera, louve, délai, dégaîné, taupe, râteau, meule, rameau, maire, baleineau, Hanau, naíne, Ney, peureuse, déjeune, paume, pipeau, goûtera, paire, daube, Peyreleau, rideau, Koboday, vidai, baume, beauté, dégaîne, dérobai.

Beauce, ravaude, voulu, vaine, haine, Rahay, feu, dégoûté, Fay, foule, faire, zouave, Caire, Gaule, coûtera, nageai, veuvage, douze, soulageai, déjeuna, jaugeage, rajeunirai, déjeunerai, requête, Uruguay, souhaita, napolitaine.

CHAPITRE TROISIÈME

VOYELLES NASALES ET DIPHTHONGUES.

QUATORZIÈME LEÇON

om on eon um un eun

EXERCICE 42.

Bom dom lom nom pom rom
tom vom com som gom Don
mon pon ton hon bon lon
non ron von fon con hon
son çon gon jon geon zon
Hun bun mun dun tun lun
run zun fun fum kun cun
jeun.

EXERCICE 43.

Ja pon, pom pe, pom pon,

tom be, bé ton, rom pu, hé ron, bom bé, bon bon, li non, fon te, re nom, jon que, hon te, le çon, Dom bey, li mon, son geai, hon te, bou lon, pi geon, ga zon, Hu gon, sai son, Y von, com té, Con go, tom beau, a lun, au cun. Me lun, gui don, Au tun, gi ron, à jeun, gou jon, Lau zun, bon té, Lou dun, fau con, ga lon, con te, mai son, ga lon, Mâ con, con çu, ma çon, don jon, fou lon, fon cé, I run, bison, son de, Bom bay, com te, dé mon, lun di, ti mon, Mé hun, Ay mon, Son zay.

EXERCICE 44.

Dom rémy, mame lon, on de, tom berai, bary ton, rom pue, ami don, Pom pée, mon daine, aile ron, pom peuse, Mon tereau, con fuse, lima çon, com posé, hori zon, gon dole, badi geon, Con dé, guéri son, sauva geon, con çue, Pata gon, tom bereau, con quête, Avey ron, con jugué, orai son, hame çon, fon taine, Héli con, com posé, lom baire, cale çon, éta lon, consu laire, lon gitude, com posai, aqui lon, Eurymé don, mon tage, con juré, guéri don, com père, con vive, Fon tenay, colima çon, Mon cade, com paru, con juguai.

EXERCICE 45.

Meudon, bouton, Milon, tenon, Toulon, pompai, Teuton, rompe, laiton, lundi, Dagon, Mauzun, suçon, onze, félon, fondu, Luçon, longue, rongeai, Dijon, bonze, conçu, savon, Sidon, salon, alun, rongea, saumon, Autun, fanon, Junon, Moncey.

Géryon, palombe, répondu, éhonté, rebondi, Gironde, défunte, quiconque, carafon, fenaison, Monterey, fondée, consuma, défonçai, contigu, Siméon, confonde, dénonça, concave, vicomte, Gédéon, congèle, énonçai, retomba, congelé, séneçon, gonfalon, Sagonte, éhontée, combinaison, caparaçon, conjugaison, Colombie.

QUINZIÈME LEÇON

em en am an ean

EXERCICE 46.

Ram rem ran ren lam lem
lan len tam tem tan ten
bam bem ban ben dam dem
dan den pam pem pan pen
mam mem men nam nan nen
vam van ven ham han hen
ſan ſen cam can kan quan
quen sam san çan sem cem
sen cen zam zan zem zen
gam guem gan guan jam gem
jan gen jean gean.

EXERCICE 47.

A dam, bam bou, gan gue,
len te, pam pa, ru ban, A ran,
men te, lam pe, lan de, ren te,
Di nan, pen du, di van, ham pe,

tem pe, Hou dan, ram pe, tan te, ten te, han tai, ven du, pen sa, Sé dan, man qué, en jeu, an ge, men ton, Ro han, man ceau, lan gue, ven gea, Nan cy, lan ça, man geai, ran çon, guem bé, Hen ri, tam pon, Co ran, fen te, cam pé, en can, Sam son, sen sé, Zan te, fai san, gan se, jam be, jan te, Jean, gen re, jam bon, gan té, lan gui, Sé jan, lan çon, ran gea, Gan ge, han se.

EXERCICE 48.

Pan dore, vam pire, den rée, am poule, en viron, Vati can, Éri dan, fan fare, cen taine, Can die, sen tira, cen sure, ale zan, gam bade, jam bage, fan faron, Can dace, quan tité, gen cive, Kouli kan, Montau ban, hante rai, ren gaîne, Cam byse, tan gage, pan talon, rem mène, can tique, tem péré, Ven dôme, péli can, pen dule, en gageai, men teuse, Zam bèze, en quête, oura gan, Eri van, pen daison, en tèté, Gévau dan, men songe, an tique, Gam bie, en fonçai, fon taine, Can cale, san guine, em mène, gan terie, sen sitive, Cen taure.

EXERCICE 49.

Soudan, vente, landau, jusant, santon, lançai, danse, amande, amende, demandai, mouvante, Alençon, mourante, embaumé, défendu, vacance, Tourangeau, défense, lavande, aisance, engeance, harangua, vengeance, dérangea, tempête, abandon, Byzance, quarante, Carentan, avançai, étançon, légende, faisandeau, gênante, devançai, licence, cadence.

Vaucanson, bombance, menaçante, harangue, ensemençai, enjambée, éloquence, élégance, conséquence, Angoulême, véhémente, consanguine, identique, démangeaison, avantageuse, antiquaire, Pampelune, redondance, dirigeante, identifié, harengère, encourageante, Cantacuzène, revendiquerai, momentané, véhémence, Corybante.

SEIZIÈME LEÇON

Im ym in yn aim ain ein

EXERCICE 50.

Tim tym tin tyn taim tain tein rim rym rin raim rein lim lym lin lain min main mein nim nym nin nain bim bin bain din daim dain hin haim hein pim pin paim pain pein vin vain vein fin faim fain fein kin quin cain kain sim sym cim cym sin syn cin saim sain çain sein cein gain guim guin gim gin gein quain.

EXERCICE 51.

In de, im bu, tym pan, tin te,

lam bin, lim be, tein te, vé lin,
Pin de, é taim, é tain, ai rain,
mâ tin, ma tin, De nain, lin teau,
guim gam, hu main, mon dain,
mou lin, Pan tin, main te, de vin,
hau tain, de main, pein te, ri cin,
Lou vain, ro main, la pin, ma lin,
tein té, le vain, dé dain, pou lain,
vi lain, lu pin fo rain, cu min.
vain cu, se rin, se rein, pin ça,
en fin, fein te, Pé kin, guim pe,
sin ge, sain te, quin te, Le kain,
cein te, di zain, fu sain, cou sin,
rai sin, re gain, san guin, en gin,
Lon gin, Nan kin, guin gan,
re quin, guin dé, bou quin,
quin ze, dou zain, Sa bin.

EXERCICE 52.

Nava rin, ano din, rin çure,

cale pin, Aven tin, sym bole, maga sin, Min danao, im pose, Gibe lin, cein ture, syn cope, sin cère, cym bale, méde cin, cein turon, manda rin, pein ture, lim pide, tein ture, lende main, pèle rin, rive rain, Mainte non, suze rain, laman tin, aqui tain, Pin dare, cin quante, limou sin, maro quin, bouque tin, pin çure, souve rain, quin zaine, guin dage, Sain tonge, sym bolise, Tyn dare, Toulou sain, quin quina, cita din, quin conce, consan guin, in digo, main tenu, palan quin, Ange vin, in jure.

EXERCICE 53.

Rufin, vainque, rinçai, pinçon, pinson, gamin, soudain, pinceau, sequin, nimbe, béguin, Tonquin, dépeinte, Antonin, lendemain, timbale, éteinte, évinçai, reteinte, tambourin, Tarentin, féminin, ingambe, repeinte, Mazarin, convaincu, enceinte, zinzolin, Saladin, convainque, corymbe, Mélinde, Domingue, ralingue, aquilin.

Huningue, aminci, regimbé, évincé, Olympe, syringa, ingénu, Napolitain, Américain, impunité, maintenue, impudence, singerie, contemporain, cinquantaine, intendance, Finlandaise, guinderie, symbolique, génovéfain, olympique, redingote, dominicain, Dominiquin, pindarique, syndicale, regimbera, intendante, Romorantin, teinturerie, singularité, incohérence, bimbeloterie, Olympiade..

DIX-SEPTIÈME LEÇON

Æ iè œu oi eoi oin
œ ié ieu oy oui ouin
ui uin.

EXERCICE 54.

Æ on, Æ néa, OE dipe, OE ta, OE none, Æ lia, œu vé, vœu, pi tié, pié ge, on ziè me, diè te, lu miè re, Dieu, a dieu, lieu, mi lieu, pieu, é pieu, moi, é moi, loi, a loi, roi, pa roi, toi, toi le, toi son, soi, soi rée, boi re, boî te, foi, Foy, soin, foin, sain foin, loin, loin tain, coin, re coin, oin te, Bé douin, join te, pin gouin, tin touin, lui, ce lui, é tui, nui re, cui te,. Juin, hui le, suin, fui te, na geoi re, quoi, en join te, poin çon, lui re, cui se, hoi rie, sain te, Mœ sie, cui sine, Cæ a, læ na, voi ture, tui le, sui te, poin te, ba bouin, pui se.

EXERCICE 55.

Saulieu, jointure, baragouin, huitain, lointaine, Coire, voile, huitaine, puiserai, voisinage, oui, Baudouin, boiserie, cuisinière, œcuménique, oiseau, Dolomieu, huitième, Louisiane, quantième, oisiveté, lieue, seizième, Ægialée, amitié, inimitié, liége, moineau, cinquième, reluira, Cuincy, OEno, moine, conjointe, banlieue, Æmilia, moitié, quinzième, conduire, ensuite.

OEnoé, convoitai, réquisitoire, ennui, recuite, œnologie, Savoie, intuitive, induire, baragouinage, étoile, rejointe, geôlière, siége, cinquantième, reçoive, conduite, Pontoise, hygiénique, neuvième, voisin, épuise, ciboire, conçoive, centième, mangeoire, Boileau, avoisinante, ardoisière, hygiène, balançoire, jaculatoire, Geneviève.

RÉSUMÉ DU TROISIÈME CHAPITRE

---

om, on, eon — Meudon, renom,
pigeon, conte, sauvageon, mon.
um, un, eun — Autun, défunte,
lundi, à jeun, Loudun, aucun.
em, en — Henri, tempe, vengea,
genre, éloquence, pendule.
am, an, ean — Adam, langue,
Jean, ganse, encan, engeance.
im, ym, in, yn — Pékin, quinze,
tympan, sanguin, guimpe.
aim, ain, ein — Denain, feinte,
daim, bain, faim, gain, sein.
æ, œ, œu, ieu — Æon, OEdipe,
vœu, lieu, Mœsie, pieu, Dieu.
ié, iè — Bavière, pitié, onzième,

amitié, quantième, geôlière.
oi, oy, eoi — Boileau, boîte, coi, foi, loi, moi, quoi, nageoire.
ui, uin Juin, fuite, lui, cuite, suinte, puise, conduire, ennui.
oin, ouin — Baudouin, foin, soin, loin, pingouin, jointe, poinçon.

EXERCICE 56.

Pamphylie, encourageante, conséquence, cinquante, airain, peinture, timbale, convaincu, féminin, ingambe, pigeon, bouquin, olympique, pingouin, intempérie, quinze, fuite, récompense, quémandeuse, humain, dépeinte, fusain, requin.

LIVRE DEUXIÈME

ARTICULATIONS COMPLEXES.

CHAPITRE PREMIER

VOYELLES ARTICULÉES.

DIX-HUITIÈME LEÇON

EXERCICE 57.

Ar er ir or ur
Al el il ol ul

Or çay, cir que, cor don, ger be, gar çon, lan guir, jar din, myr te, gué rir, a zur, ver be, gor ge — Al by, cul te, fil, lé gal, dé gel, hal te, ni kel, cu mul, au quel, sul tan, quel que, gol fe, ré sul te, Paim pol.

Ac ec ic oc uc
Ak ek ik ok oq

Jar nac, hec to, syn dic, toc sin, ca duc, lec ture, noc turne, vic toire, fac ture — I rak, Ru rik, Namou rek, Tagan rok, — coq, cinq.

Ab eb ib ob ub
Ad ed id od ud

Jo ab, Ho reb, gib bosité, ob tenir, sub juguai, bao bab — Ad mète, sud, Cid, Tal mud, Fid ji, Syd ney, Kod ja, Hud son.

Ap ep ip op up
At et it ot ut

Gap, sa lep, hip popotame, Ca lyp so, a dop tai, vo lup té, cap tive — Pat na, lit téral, Et na, gut tural, ot tomane, At tique, di let tan ti.

EXERCICE 58.

George, désir, quarteau, fanal, viril,

autel, bordereau, hôpital, perçante, quelconque, verveine, belliqueuse, guirlande, collègue, cultivé, syllabe, Guernesey, harmonie.

Bolbec, pacte, docte, secte, hamac, succédai, vaccine, dictée, succède, Langeac, dicton, Kolbac, avec, jactance, fictive, tactique, Tarik, Sadok, nyctalope.

Moab, Caleb, subvenir, abdiqua, hebdomadaire, submergea, molybdène, subsidiaire, Noureddin, animadversion, adverbe, Cadmée, Pydna, Hadji, Gad, Valladolid.

Neptune, adepte, captal, opta, rupture, reptile, capture, rapsode, septante, capsule, Egypte (1), adopterai, catalepsie, voluptueuse, Fatmé, littérature, atticisme, Sarepta, Apocalypse.

(1) Prononcez *Égypte* : on supprime l'accent sur les majuscules.

DIX-NEUVIÈME LEÇON

EXERCICE 59.

As es is os us
Az ez iz oz uz

Bos ton, cas que, ges te, lis te, bus te, mes quin, jus te, pos te, mys tère, Gus tave, ques tion, Hed jaz, Am bez, Cor moz, Luz, Bo oz, Cuz co, his toire.

Ag eg ig og ug
» » ij » »

A gog, Bag dad, Ma gog, sig ma, Mog mog, zig zag, dog me, Ep sig, A gag, Mor tag, Nij ni, pyg mée, sug géré, dog matisme.

Af ef if of uf
» » » ov »

Taf na, es quif, ré cif, caf tan, ac tif, tar dif, A zof, tuf, Tam bov, Nas kov, hâ tif, nef, Def terdar.

EXERCICE 60.

Oscar, piston, caste, restai, jusque, cascade, pittoresque, jasmin, système, rustique, gestion, nostalgie, gaz, Mançanarez, kiosque, marasquin, Lopez, La Paz, armistice, majuscule, mystique, combustion.

Magdaléna, suggère, dogmatiserai, Aurupig, suggérai, Sogdiane, suggèrera, dogmatique, Siceleg, Pygmalion, énigme, amygdale, énigmatique.

Mildov, adjectif, subversif, adoptif, inactif, facultatif, Nijni-Novgorod, inepte, susceptibilité, inaptitude, Madagascar.

VINGTIÈME LEÇON

Oub euc oif aug eul
Air oup etc.

EXERCICE 61.

Tournon, dormeur, heurte, lourde, impair, moqueur, Bonair, liqueur, rougeur, Népaul, Moultan, soulte, Corseul, linceul, bouc, bouscule, austère, caustique, Coursac, Fernambouc, Kalmouk, soupçon, Sourzac, radoub, captateur, neuf, veuf, soif.

Elbeuf, joug, Marbeuf, sauf, Surcouf, Daubeuf, augmenté, Koutka, Courçay, augmenta, Houston, Geaune, Gigean, Vigan, sœur, bœuf, boudoir, cœur, Alcuin, bougeoir, Beaumanoir, douleur, tambour, longueur, bourgeon, majeur, rigueur, languir.

EXERCICE 62.

Jourdain, vainqueur, poulpe, docteur, Gournay, langouste, escourgeon, mamelouk, mousqueton, Bourganeuf, mangouste, esturgeon, encaustique, Tombouctou, augmentai, admirateur, Polyeucte, nageur, Tubeuf, augmentera, gourde, Dournazac.

Sourdeval, étourneau, égorgeur, acoustique, holocauste, mystificateur, pourquoi, vergeoise, perçoive, pouvoir, accélérateur;

Montesquieu, équivaloir, tournoi, imposteur, poil, intuitif, turquoise, poursuite, surseoir, bourgeoise, Paimbœuf, panégyriste, jurisconsulte, acceptai, gibbosité, Badajoz.

CHAPITRE DEUXIÈME

CONSONNES COMPOSÉES.

VINGT ET UNIÈME LEÇON

ch	ph (1)
che	phe
cheval	phare

EXERCICE 63.

Cha che ché chi cho chu
pha phe phé phi pho phu

(1) *Ch* se prononce ordinairement comme dans cheval. Il prend le son *ke* devant une consonne, et lorsqu'il termine la syllabe : *chlo re*, *zu rich* se prononcent *klo re*, *zu rique*.

Ph se prononce toujours comme *f*.

Après les autres consonnes, *h* est nulle : thèse, rhône, = tèse, rône. Cependant *gh* conserve ordinairement le son *gue* devant *e*, *i* : Borghèse, Ghilan se prononcent Borguèse, Guilan.

tha rhé dher thal ich tech bach char chan phon ghi ghè ghis choir neph rhyth.

EXERCICE 64.

Chi ne, cha que, char me, châ le, che veu, du ché, chè re, chê ne, chy le, cho qué, chô ma, chu te, chai se, chaî ne, chou, chau de, char me, chan te, chair, cham pion, Bou chain, é choir, choc, cher, Mi chel, four chu, chan ce, Cham béry, Phé bé, phare, nym phe, Phi lomèle, phy sique, pho nétique, si phon, dau phin, sa phir, zé phyr, syl phe, ty phus, Vi chy.

Meur the, rhé teur, fel lah, é ther, thym, Rhô ne, rhom be, Mat thieu, rhyth me, uh lan, dah lia, thyr se, rhu barbe, Kha zan, Bor ghè se, Ghi lan, Kir ghis, va rech, Mu nich, Roch, naph te, tech nique, oph thal gie, La mech, tech nologie, aph the, Jo seph, Daph né, Neph tali, ich thy ologie.

EXERCICE 65.

Chandeleur, perchoir, ophthalmie, polytechnique, chambellan, sénéchal, chanteur, apophthegme, pharmaceutique, Jephté, chacun, phosphore, chaumière, maréchal, enrichir, phase, Ophni, mouchoir, épitaphe, euphonie, châtain.

Epiphanie, néophyte, métaphore, chardon, échoua, chaînon, évêché, catéchisme, symphonie, thèse, euphorbe, alchimiste, adhésion, catéchiste, épithète, enthousiasme, chaire, ornithorhynque, écheveau, théière, synthèse, asphalte, Chandernagor.

Cochinchine, change, écharpe, mâchoire, archiduc, Cophte, parenthèse, dithyrambe, chemin, logarithme, hypothécaire, fourche, enrhumé, Tharse, enthymème, hypothèse, Rhadamante, sophiste, déshonore, Adherbal.

VINGT-DEUXIÈME LEÇON

X W gn (1)

kse double ve gne
sexe wagon règne

EXERCICE 66.

(Ksa) xa xé xi xo xu

Sa xe, mo xa, ta xé, fi xi té, xo ride, o xy dé, lu xu re, a xe, xy lone, Te xel, xys tos, synta xe, Eu xin, rela xa, Ma xence.

(1) *X* se prononce ordinairement *kse* : *sexe, axe,* prononcez *sekse, akse.*

Ex ou *hex,* au commencement du mot et suivi d'une voyelle ou d'une h muette, fait *egz* : *exil, hexagone,* prononcez *eg zile, heg zagone.*

Ex, suivi de *ce* ou *ci,* a le son de *ek* : *excès, excite,* prononcez *ekcès, ekcite.* L'*e* qui précède *x* est fermé, mais il ne prend pas d'accent.

W se prononce comme *v* : *wagon, Wasa,* prononcez *vagon, Vasa.*

(Egza) e xa e xé e xi e xo e xu
(Id.) he xa he xé » he xo »
(Id.) e xha e xhé e xhi e xho e xhu

E xa gère, he xa gone, e xha lé, e xé cuta, he xé tère, e xhé ré dé, e xi gu, e xhi be, e xo tique, he xo rina, e xhor te, E xu ma, e xhu me, e xau ce, e xal te, e xer ce, e xac te.

ax ex ix ox ux
(ekce) ex ce ex cé ex ci.

Bo rax, tex te, phé nix, Pala fox, bom byx, Pol lux, ex porte, ex tase, ex ci te, ex cep té, ex ci tateur, ex cu se, ex ci ta, ex cur sion.

wa wé wi wo wu
gna gné gni gno gnu.

Wa sa, wa gon, Wé, Wei mar, Wy la, woò, wo ra ra, Wal kirie, Wil na, wer nerie, Wo dan.

Sévi gné, ré gna, di gne, joi gne, La gny, i gno rance, ro gnu re, a gneau, ré gnai, cei gne, soi gneu se, bai gnoir, épa gneul, si gnal, Co gnac, bai gneur, co gnée, Perpi gnan.

EXERCICE 67.

Vexin, fixé, surtaxe, Sixtine, équinoxe, hexère, exhuma, exhibé, Syphax, mixtion, textuel, exil, exercice, mixte, Anxur, existe, oxygène, dextérité, maxime, asphyxie, exquise, exarque, exergue, exorde, exauça, excitera, excitatif.

Warize, châtaigne, désignai, campagne, signé, consignataire, musareigne, araignée, monseigneur, enseigna, Warloy, mixtiligne, compagnie, Pompignan, témoignai, ignominie, éteignoir, Armagnac.

Vercingétorix, règne, hexagonal, guigne, Ikanamawi, répugnance, exorcisme, lexique, rectiligne, Avignon, exigence, luxurieuse, adjoigne, exerça, exalté, soignai, Marigny, cygne, convexité, anxiété, exhorta, excepta, peignoir, exhérède, seigneurial, exotérique, vigneron, exhalaison, excitabilité, Watigny,

VINGT-TROISIÈME LEÇON.

B,	
c, ch, k,	ra ré ri ro ru
d,	la lé li lo lu
f, ph.	

EXERCICE 68.

Bra ve, célé bré, am bre, brè ve, Brê me, bri de, bro che, bru tal — Cra vache, crâ ne, Kra pak, vain cre, cri me, crè me, crê pe, cré neau, chrê me, cro chu, chro nique, cru auté, Kru mau, — Dra peau, moin dre, enca dré, dro gue, drô le, Dru se — Fra gile, phra se, fré mir, frè re, frê le, cam phre, phré nologie, sou fre, fro mage, Phry gie, fri pon, frô lé, Eu phro syne, fru gal.

Dou bla, blâ me, blê me, Bli dah, fai ble, com blé, bloqué, blu toir — chla myde, Hé cla, clé mence, cer cle, Klé ber, cli ché, co chlé aria, clo che, chlo re, Clu ny —

Pa phla gonie, en fla, flâ neur, Phlé géthon, flé au, flè che, nè fle, Fli ze, flo con, flu ide, phlo gistique, flû te.

EXERCICE 69.

André, chambre, emblème, chlorate, cloaque, Mably, brûla, drageon, ceindre, cycle, crible, brôme, Drôme, oncle, feindre, oindre, chrôme, sourdre, Brahma, peindre, humble, joindre, Créqui, muscle, teindre, hybride, Crécy.

Frioul, fléchir, croquignole, boursouflé, flacon, Draguignan, réfléchir, diaphragme, vignoble, Euphrate, frênaie, influence, fréquente, percluse, circonflexe, apocryphe, sublime.

Hamadryade, hydrogène, hydrocéphale, catachrèse, lacrymal, septembre, hexaèdre, chrysocale, bibliothécaire, chromate, Xénocrate, hydrophobie, exècre, chroniqueur, équilibre, chronologie, chrysalide, inflexible, brodequin, chlorique, périphrase, chlorhydrique, synchronisme, clôture, Chrysostome.

VINGT-QUATRIÈME LEÇON.

p, g, t, v, w, z,	ra ré ri ro ru la lé li lo lu

EXERCICE 70.

Pra gue, pri maire, pam pre, pro chain, pré au, prê te, pru neau — Gra ve, grà ce, ti gre, de gré, grè ve, gro tesque, gru meau, grê le, ai gri — Thra ce, tra hir, pein tre, tré sor, trè fle, trê ve, tri bu, tro phée, trô ne, tru ite — Vi vra, œu vre, cui vrée, ou vri ra, I vry, né vro se, writ (1) — A zra. Bo zra.

(1) Prononcez vrite : *wri* = *vri*, et *t* s'articule.

Pla ta, peu ple, plu me, re plè te, plâ tre, plé nitude, re pli, im plorai, plu me. — Gla çon, an gle, cin glé, glè be, é gli se, glo be, glu au, — Tlé polème, a thlé tique, a thlè te, — Wla dimir, Wla dika, — Vi zli pu zli (1), gu zla.

EXERCICE 71.

Chypre, plateau, seigle, graveur, chantre, trafic, Nièvre, glose, préfix, beugle, poitrine, prêteur, glapir, trapèze, triplé, glu, lièvre, extrême, patriarche, meurtre, cuivre, prône, prénom, pronom, cingle, prévoir, huître.

Samothrace, désœuvré, flétri, beaupré, ongle, propre, prêtre, reître, grive, notre, nôtre, votre, proclame, pourpre, séquestre, vôtre, provençal, Thrasybule, calligraphe; chèvre, anthropophage, Vladislas, triangle, grief, égrène, hydrographe, extravagance, triomphal.

(1) Dieu des Mexicains.

Bactriane, précepteur, prophète, prétexte, Mithridate, perplexité, manœuvre, négligea, enchevêtré, hiéroglyphe, Austrasie, amphitryon, logogriphe, projectile, septentrion, hydrographique, prytanée, égrugeoir, catastrophe, complexe, athlète, contrôla, explore, anthracite, Neustrie, Prométhée.

VINGT-CINQUIÈME LEÇON

EXERCICE 72.

brin	bleau	clen	creu	dron
dlau	flam	phron	grim	gloi
preu	plein	trei	trem	vreau
fleg	thlas	cryp	chris	glath

EXERCICE 73.

Cam brai, breu vage, ta bleau, bleu, croi re, cloî tre, crai gne, clou, creu se, An dlau, droi te, per dreau, frau de, fraî che, fleu ve, Viro flay, grai ne, gloi re, grou pe, glou ton, preu ve, plai de, pleu re, em ploi, traî ne, trei ze, troi sième, trou peau, vrai, che vreau.

Du blin, bran che, blon de, blan cheur, brim borion, crain te, clan destin, cram pon, clen che, chau dron, Fran ce, frein, re frain, fram boise, fron ça, Lyco phron, flam beau, grain, grim pa, glan dée, ai glon, prin ce, plan te, plein, plon geon, plain, trem ble, tren te, en train, trin gle, tron qué.

Bris tol, brus qué, plas tron, a tlas, Thlas pi, frac ture, Cres phonte, aus tral, drog man, fleur, fleg me, Chris toval, fres que, blas phème, fruc tifère, pei gnoir, jon gleur, Trip tolème, fruc tueuse, pris me, clep sydre, cryp te, cryp togame, hou blon, fleg matique, Chris tophe, plai gne, fran çaise, chan frein, Té glath pha lazar.

EXERCICE 74.

Godefroy, déblai, claire, croître, fraise, froideur, glaive, Gray, brun, cadran, gronde, grande, plombé, trombe, transi, Atlante, flasque, presbytère, trembleur, prismatique, cristallise, Champlein, contracte, branchage, coudraie, franciscain, vraie, Guibray, train, extraire, contraigne, plantain, entraîne, outrance, Ukraine.

Atlantique, restreinte, soustraire, échancrure, réfractaire, chambranle, crampe, vraisemblance, Gibraltar, fringante, traîneau, contraste, tétrarque, ensanglante, surplombe, brandon, extrinsèque, tétrarchie, restreigne, presque, blasphémateur, agreste, gastralgie, détracteur, trembleuse, névralgie, brouhaha, fiévreuse, frontispice.

Chevreuse, acrostiche, croisière, enfreindre, Atlantide, craindre, enfreigne, clairière, hydraulique, éblouir, Plombières, églantine, éclipse, restreindre, microscope, Franklin, refroidir, pleuvoir, cataclysme, adroite, écliptique, oblongue, détrompé, ambroisie, incrusta, Mainfroy.

VINGT-SIXIÈME LEÇON

EXERCICE 75.

sta sté sti sto stu

spa spé spi spo spu

Sta ce, sta ble, sté rile, stè re, Ste nay, sti mulé, sol sti ce, sty le, péri sty le, sto re, sto machique, stu peur, stu dieuse, Stam boul, stan ce, stel laire, Stein kerque, stig mate, styp tique, Stym phale, stro phe, stra bisme, struc ture, strych nine.

Spa hi, spa cieuse, spé cial, spé culateur, spi rale, spi rituel, spo lié, spo rade, spu meuse, spu mosité, Spar te, spas me, spec tre, spor tule, spon dée, splé nétique, splen deur, spon gieuse.

sca	scé	sci	sco	scu
ska	ské	ski	sko	sku
squa	sque	squi	»	»

Sca mandre, sca bieuse, Ska ra, Ska da, ski tale, sco rie, sco laire, Scu déri, Scu tari, sque née, squi ne, squi fate, scal pé, scan dale, scar latine, scor pion, scri be, scro fulaire, sclé rotique, Skol, Skul da, Scé vola, scè ne, scé lérate, sci age, sci ure, sci ençe, Scy thie, sceau, scel, Scyl la, scep tre, scin dé, Sci pion.

sfa	spha	sphé	sphè	sfu
sbi	sga	sla	sri	svel
sma	smi	smo	sno	szé

Sfax, spha cèle, sphé rique, sphè re, atmo sphè re, sfu mato, sbi re, Sla ve, sla terie, Sri, Sri nagar, svel te, sma la, sma ragdin, smi lacée, smo gleur, Smer dis, Smyr ne, Sno tra, Szé gedin.

sha[1] shé shi sho shu
scha sché schi scho schu

Sha ko, sha vie, shé rif, She van, shi re, Shi va, sho rée, scha ko, schah, sché lar, sché rif, schis me, schis matique, schil de, scho ner, schu bertie, schy te, schla gue, scheik, schlich, Devon shi re.

psa pneu pté phthi cté
kna djé dni mné tma

Psal miste, psal modie, psal térion, psau me, pseu donyme, Psy ché, pneu monie, pneu monique, pneu matique, pté ropode, Pto lémée, pté rodactyle, pty alisme, Phthi a, phthi sie, phthi sique, Phthi otide, Cté siphon, Cti mène, kna vel, knè ce, knout, Djé rid, Djed dah, Djo hore, Dni éper, Dni ester, Mné mosyne, Mné vis, mné monique, mné motechnie, Tma rus, tmè se, Tmo lus, Tchad.

(1) *Sh, sch* se prononcent comme *ch* dans *cheval*.

EXERCICE 76.

Sthénobée, spatule, stipula, spontané, Sterne, spiritualisme, statue, Stylite, Stentor, sternutatoire, spécieuse, sténographe, stratégie, stigmatisé, spoliateur, Sphactérie, statique, stéréotype, stramoine, spécialité, stratagème, décastère, Strymon, spectateur, stricte, sporadique, Sprée, spasmodique, spectacle, stalactique, Stromboli, stalagmite, substantif, Strabon.

Scala, scabreuse, scapulaire, scandé, scénique, sceptique, scie, scion, sciatique, Scay, Scey, scarabée, scieur, scolopendre, conscience, scorbutique, scalpel, scrupule, stade, scepticisme, scandalisé, instance, strapontin, prescience, solsticial, constellé, circonstance, spectatrice, strychnique, scrupuleuse, Slatina, smaragdite, Slavonie, Schelestat, schiste.

Lampsaque, péripneumonie, rédempteur, pneumatose, pneumatologie, pseudodiptère,

Psicarpax, somptueuse, sanctuaire, Ptélée, inspecte, transparence, ponctuel, instructif, perspective, planisphère, Volsque, hémisphère, symptôme, ponctualité, impromptu, squinanthe, présomptif, Styrie.

VINGT-SEPTIÈME LEÇON

l, *ll* MOUILLÉES.

EXERCICE 77.

il ill ail aill (1)

A vril, ba bil, fe nil, pé ril, cil, mil (2), — pill e, bill e, fill e, quill e, grill e, sill on, — ail, bail, ber cail, bé tail, tra vail, vi trail, — aill e, maill e, taill eur, jaill ir, caill ou, vaill ance, raill é, Waill y, paill on.

(1) *Ail* est bref; *aill* est long, excepté dans *médaille.*

(2) Sorte de grain; dans *mil*, nom de nombre, *l* s'articule. Ces six mots sont les seuls en *il*, dans lesquels *l* soit mouillée.

eil eill ouil ouill

Cor beil, con seil, é veil, ré veil, mé teil, — veill e, treill e, meill eur, teill é, vi eill ir, — fe nouil, — houill e, mouill é, bouill on, souill a, grouill e, rouill é.

œil œill euil euill

Œil, œill ade, œill ère, — Au teuil, cer feuil, deuil, Lu xeuil, che vreuil, fau teuil, treuil, écu reuil, feuill e, Neuill y, feuill age, Feuill antine.

cueil cueill gueil gueill

Re cueil, é cueil, cer cueil, Ar cueil, — or gueil, — cueill ir, cueill e, cueill ie, cueill i, cueill erai, cueill era, re cueill ir, re cueill era, orgueill euse, en orgueill ir (1), en orgueill irai, en orgueill ira.

(1) Prononcez *an norgueillir*.

EXERCICE 78.

Chantilly, vrille, tillac, guilloché, filleul, cuiller, cuillère, cuillerée, grillon, brillante, tilleul, sillage, papillon, camail, corail, médaille, portail, poitrail, paille, taillé, bailli, haillon, faillible, bailleur, pareil, vermeil, vieil, soleil, corbeille, treillage, veillée, vieillie, surveillance, brouille, mouillage, bouillir, souillure, gazouillera, bouvreuil, seuil, Verneuil, feuillée.

Châtillon, déguenillé, brindille, émailleur, malveillante, citrouille, Gentilly, bataillon, merveilleuse, cédille, volaille, gargouille, portefeuille, anguille, crémaillère, vieillir, échantillon, gazouillé, Montreuil, médaillon, pétillante, quenouille, jonquille, bouillira, dépouillé, travailleur, coquillage, trouvaille, périlleuse, barbouillage, oseille, Excideuil.

VINGT-HUITIÈME LEÇON

CONSONNES REDOUBLÉES.

1. — Lorsque deux consonnes semblables se suivent, la première est ordinairement nulle, et la voyelle qui précède garde le son bref : *appui*, *offense* se prononcent APUI, OFENSE (*a*, *o* brefs).

L'*e* qui précède la consonne nulle, muet dans un petit nombre de mots et fermé dans plusieurs autres, est généralement plus ou moins ouvert.

EXERCICE 79.

Abbé, rabbin, affaiblir, suffrage, difficile, offrande, balle, collége, halle, folle, nulle, sibylle, commode, pomme, anneau, connaître, innocence, frappa, supposé, supplice, enveloppe, Philippe, arrivé, nourrir, corrigé, myrrhe, assigne, pelisse, colosse, fournisseur, combattre, flotte, lutte, quittance, lazzi, pouzzolane, Abruzze.

(*e* muet.) Ressaisir, ressassé, ressemble, ressemblance, ressentir, ressortir, ressource, ressouvenir.

(*é* fermé.) Ressac, ressuscité, ressuie, effaça, effectif, efféminé, efficace, effigie, effroi, effusion, essai, essaim, essence, essieu, essuie, essoufflé.

(*è* ouvert.) Greffe, fieffé, belle, échelle, appellera, steppe, terre, équerre, faiblesse, jeunesse, tristesse, baguette, lettre, ablette, soumettre, alouette, guetteur, excessif, possesseur, interrogea, progression.

(*ê* très-ouvert.) Dilemme, abbesse, lesse, professe, confesse, presse, cesse, expresse.

---

2. — Quand il y a deux *dd* de suite, on les prononce, mais le premier se fait légèrement entendre.

C dur (que) est nul devant *k* (que) et *q* (que) : ces trois lettres, s'articulant de la même manière, sont considérées comme une même consonne. *S* (se) devant *c* doux (se) et *g* (gue) devant *g* dur (gue) sont également nuls : *ac cuse*, *ac quérir*, *vis cère*, *ag gravé* se prononcent *a cuse*, *a quérir*, *vi cère*, *a gravé*. Mais *c* dur (que) suivi de *c* doux (se), et *g* dur (gue) suivi de *g* doux (je) se feront entendre, ces lettres, *c* (que) et *c* (se), *g* (gue) et *g* (je) formant en réalité deux consonnes différentes représentées par un seul signe : *ac cède*, *sug gère* se prononcent *aque cède*, *sugue jère*.

Dans les mots commençant par *irr* ou *ill*, les deux consonnes se font entendre et *ill* ne se mouille pas.

EXERCICE 80.

Adda, additive, adducteur, Edda, toddi, Bouddha, bouddhique, Noureddin.

Saccagea, ecclésiastique, occasion, occulte, acclame, accueil, accidentel, accède, acquérir, succéda, occidental, becquée, Grecque, vaccin, aggrave, aggloméré, aggravante, suggère, suggestion, suggéré, viscère.

Irrécusable, irréflexion, irréparable, irrésolu, irritable, illégal, illégitime, illettré, illisible, illusoire, illustre.

VINGT-NEUVIÈME LEÇON

CONSONNES FINALES.

3. — Les consonnes suivantes se font généralement entendre et ne sont nulles qu'à la fin d'un petit nombre de mots.

FINALES SONORES.	c	ch	ck	k	q
	f	ph	v		
	l	r			
	b	g	gh		

EXERCICE 81.

Cognac, hamac, avec, sec, mastic, public, choc, bloc, suc, aqueduc, bouc, Rosbach, arack, Krapack, varech, teck, Balbeck, brick, Rurik, Munich, Roch, coq, Taganrok, mamelouk, Baruch, — Azaph, paf, chef, Joseph, esquif, canif, lof, Azof, tuf, sauf, neuf, soif, bœuf, Tambov, — signal, hôtel, exil, vol, calcul, Paul, Raoul, seul, linceul, — char, hier, réjouir, Tyr, trésor, futur, clair, saur, peur, jour, noir, martyr, — Joab, Horeb, Jacob, radoub, — zigzag, Siceleg, Sig, grog, Zug, joug, Ranelagh.

(nulles.) Tabac, cotignac, cric, accroc, broc, croc, escroc, estomac, raccroc, almanach, clef, éteuf, chef-d'œuvre, baril, chenil, coutil, émeril, fusil, fournil, gentil, grésil, gril, nombril, outil, persil, sourcil.

---

4. — Les consonnes suivantes sont le plus souvent nulles à la fin des mots.

FINALES NULLES.	p	d
	t	s
	x	z

EXERCICE 82.

Drap, sparadrap, trop, loup, beaucoup, — laid, plaid, pied, trépied, froid, nid, muid, chaud, coud, nœud, — combat, extrait, renaît, défaut, secret, pleut, habit, conçoit, décroît, partout, dégoût, minuit, aperçut,—repas, succès, exquis, gros, reçus, mauvais, bourgeois, tous, nous, abus, Jésus, Antilles, — crucifix, perdrix, prix, flux, reflux, paix, faux, cieux, voix, croix, genoux, — assez, nez, chez, prenez, riz, aimiez.

Cependant on les articule :

1° A la fin des mots suivants :

Cap, hanap, jalap, cep, julep, salep, croup, houp ! — Ephod, sud, talmud, — albinos, aloès, as, atlas, blocus, blockhaus, cassis, cortès, hélas, kermès, hypocras, ibis, iris, jadis, *un* lis, madras, mérinos, métis, oasis, myosotis, obus, pancréas, papyrus, rhinocéros, stras, tétanos, typhus, vasistas, *une* vis, — huit, knout, lut, luth, mat, net, opiat, prétérit, aconit, but, azimut, brut, chut, ci-gît, comput, dot, granit, — contumax, borax, anthrax, thorax, index, perplex, bombyx, onyx, phénix, préfix, — gaz.

2° A la fin des mots empruntés du latin :

Sinus, cosinus, prospectus, gratis, oremus, volubilis, accessit, déficit, exéat, occiput, bis, satisfecit, vivat, stabat.

3° A la fin de quelques noms propres français, et de la plupart des noms propres étrangers :

Gap, Alep, Bagdad, Alfred, Cid, Madrid,

Ethelred, Valladolid, Nazareth, Goliath, Ruth, Japhet, Arras, Clovis, Agésilas, Tunis, Périclès, Vénus, Dax, Ajax, Syphax, Essex, Middlesex, Sussex, Félix, Styx, Fox, Palafox, Pollux, La Paz, Lombez, Booz, Culoz, Luz, etc.

EXERCICE 83.

5. — Toute consonne finale est nulle, lorsqu'elle est précédée de *r* ou d'une nasale.

Art, poignard, vieillard, tort, épars, bourg, Strasbourg, sourd, discours, pervers, expert, fleurs, remords, nerfs, — blanc, étang, saint, restreint, brigand, poing, point, corps, prompt, plomb, vingt, fonds, instinct, jonc, exempt.

Excepté :

Arc, parc, Marc, Danemarck, Tarn, Béarn, Mars, York, cerf, nerf, serf, mœurs, ours, Altorf, Dusseldorf, Turc, lors, Ourcq, — onc, donc, gong, cinq, zinc, cens, mons, distinct, succinct, lynx, larynx, pharynx, sphinx, Lens, sens, Reims, Hasting, Kiang.

On fait entendre les deux consonnes dans :

Apt, rapt, compact, exact, inexact, tact, intact, contact, talc, Anhalt, cobalt, malt, smalt, Arbogast, balast, abject, direct, infect, correct, intellect, incorrect, indirect, strict, fisc, abrupt, laps, relaps, biceps, creps, princeps, reps, seps, forceps, Pélops, Brest, Ernest, est, ouest, lest, Bukarest, Pesth, Christ, Alost, busc, musc, Belt, Crevelt, Laufeld.

La première seule se fait entendre dans :

Yacht, aspect, circonspect, respect, suspect, district.

Les mots qui prennent *s* au pluriel, se prononcent au pluriel comme au singulier.

Arts, vieillards, sourds, marchands, Turcs, parcs, directs, corrects, districts, respects, fils, pluriel de fil; fils, *enfant*, se prononce FICE.

TRENTIÈME LEÇON

(') (¨) y i i

6. — L'apostrophe (') ne change rien à la prononciation de la syllabe : *j'ai*, *qu'il* ; = JAI, QUIL.

7. — Le tréma (¨) placé sur une voyelle indique que cette voyelle se détache de la précédente, et forme une syllabe, soit seule, soit à l'aide de la consonne suivante : *haï*, *Esaü*, *naïf* ; = HA I, ESA U, NA IF.

8. — L'*y* entre deux voyelles a le son de deux *i*, dont le premier s'unit à la voyelle qui précède, et le second à la voyelle qui suit : *paya*, *rayon* ; = PAI IA, RAI ION. *Pays*, *paysan*, etc., se prononcent également PAI IS, PAI ISAN.

EXERCICE 84.

L'ami, l'air, l'or, l'urne, j'aime, s'enfuir, quelqu'un, quoiqu'il, aujourd'hui, à l'improviste, s'enquérir, j'avoue, il t'estime, l'orphelin.

Aï, haï, maïs, gaïac, aïeul, ciguë (1), poëte, Joël, Noël, Saül, Faërne, aiguë,

(1) *ë* se prononce *e* (muet) après la syllabe *gu* et *è* (ouvert) dans le corps des mots.

laïque, Gaëte, Caïphe, bisaïeul, coërcitif, faïence, stoïque, contiguïté, ambiguë.

Paya, loyal, joyau, étayé, voyageur, ennuyé, payera, balayure, abbaye, layette, grasseyé, voyage, aloyau, moyeu, pays, paysan, paysage, paysagiste, croyance, fuyard, rayon, frayeur, bruyère, ayant, joyeux, crayon, rayure.

9. — Quelquefois *y* ne vaut qu'un *i*, et se détache de la voyelle qui précède pour se joindre à la voyelle qui suit : *bayadère*, = BA IADÈRE. Cela n'a lieu que dans un petit nombre de mots et particulièrement dans les noms propres.

Bayadère, Cipaye, jayet, thuya, boyard, bayoque, braye, fayence, il baye (aux corneilles), maréyeur, Bayonne, Bayeux, Biscaye, Blaye, Bayard, Lucayes, Mayence, Himalaya.

FIN.

PARIS. — IMPRIMERIE ADRIEN LE CLERE, RUE CASSETTE, 29.

PARIS. — IMPRIMERIE ADRIEN LE CLERE, RUE CASSETTE, 29.

www.ingramcontent.com/pod-product-compliance
Ingram Content Group UK Ltd.
Pitfield, Milton Keynes, MK11 3LW, UK
UKHW031927260826
14628UKWH00003B/1464

9 782016 130209